BEI GRIN MACHT SICH IHR WISSEN BEZAHLT

- Wir veröffentlichen Ihre Hausarbeit,
  Bachelor- und Masterarbeit

- Ihr eigenes eBook und Buch -
  weltweit in allen wichtigen Shops

- Verdienen Sie an jedem Verkauf

Jetzt bei www.GRIN.com hochladen und kostenlos publizieren

GRIN ☺

Das bedingungslose Grundeinkommen im Theaterstück "Wahlschlacht" von Dr. Sebastian Seidel

GRIN ☺

Bibliografische Information der Deutschen Nationalbibliothek:

Die Deutsche Nationalbibliothek verzeichnet diese Publikation in der Deutschen Nationalbibliografie; detaillierte bibliografische Daten sind im Internet über http://dnb.d-nb.de abrufbar.

ISBN: 9783346882899
Dieses Buch ist auch als E-Book erhältlich.

Druck und Bindung: Books on Demand GmbH, Norderstedt Germany
Gedruckt auf säurefreiem Papier aus verantwortungsvollen Quellen

Das vorliegende Werk wurde sorgfältig erarbeitet. Dennoch übernehmen Autoren und Verlag für die Richtigkeit von Angaben, Hinweisen, Links und Ratschlägen sowie eventuelle Druckfehler keine Haftung.

Das Buch bei GRIN: https://www.grin.com/document/1359748

Seminararbeit

Leitfach Deutsch

Das deutschsprachige Theater der Gegenwart:

Sebastian Seidels *Wahlschlacht*

Seminar: Das deutschsprachige Theater der Gegenwart

Inhaltsverzeichnis

1. Einleitung:

„Die Corona-Krise zeigt, unter welch prekären Bedingungen viele Kultur- und Medienschaffende arbeiten. Für eine vielfältige Kulturlandschaft braucht es eine Absicherung, die Freiräume bietet und künstlerisches und kreatives Schaffen ermöglicht. Wir setzen uns für gute Arbeits- und Ausbildungsbedingungen und faire Bezahlung ein, damit an privaten und insbesondere öffentlichen Kulturinstitutionen prekäre Arbeitsverhältnisse überwunden werden. Solo-Selbständige und Kulturschaffende sollen für die Zeit der Corona-Krise mit einem Existenzgeld von 1.200 Euro im Monat abgesichert werden."[1]

1.200 Euro pro Monat sind nach Ansicht der meisten Ökonomen und Politiker notwendig, um das soziokulturelle Existenzminimum eines Bundesbürgers voll abzudecken. Dementsprechend gibt es von den Befürwortern eines bedingungslosen Grundeinkommens Forderungen nach einem Grundeinkommen in dieser Höhe. Gerade in Zeiten schwerer wirtschaftlicher Krisen keimen Sehnsüchte nach derlei utopisch klingenden Sicherheiten auf. Es gibt genug Branchen in Deutschland, die tatsächlich um das Überleben kämpfen müssen, wenn beispielsweise Krisen die Nation erschüttern.

Die Corona-Krise ganz konkret machte es der Kultur- und Kreativwirtschaft zeitweise im Grunde unmöglich, sich ihr Auskommen noch autark zu verdienen. Die Unterstützung dieser Kulturbranche wurde im Grunde auch vernachlässigt von der Politik, es gab zwar Überbrückungsgelder während der Covid-Pandemie, manche Künstler, wie der Autor des Theaterstücks „Wahlschlacht" vom S'ensemble Inhaber Dr. phil. Sebastian Seidel, sind aber der Ansicht, dass ein Grundeinkommen die soziale Sicherheit besser etabliert, als es das bestehende Sozialsystem tut. Dies wird auch in „Wahlschlacht" zur Sprache gebracht, in der das Stichwort „Grundeinkommen" bzw. „Bürgergeld" omnipräsent ist.

Wie das Zitat aus dem Grünen-Wahlprogramm zeigt, gibt es auch Interessenvertreter der Künstler in der Politik. Die Grünen wollen hierbei, gerade in Anbetracht der Covid-Pandemie, ein vorübergehendes Grundeinkommen in der Höhe von 1.200 Euro speziell für Künstler entwickeln, um deren Überleben in der Krise (bzw. inzwischen: den Krisen), ganz wie es auch der Überzeugung Dr. Seidels entspricht, besser abzusichern.

---

[1] BÜNDNIS 90/DIE GRÜNEN: Deutschland. Alles ist drin. Bundestagswahlprogramm 2021. Bereit, weil Ihr es seid., 2021, S. 205

2. Textzusammenfassung (mit implementiertem Unterschied alte vs. neue Fassung):

Im Theaterstück *Wahlschlacht* existiert eine deutsche politische Partei, die man im Bereich des bürgerlich-konservativen Spektrums verorten würde. Diese Partei ist in der politischen Landschaft des Theaterstücks die dominierende Partei, mit dem Namen „Leistungs- und Wirtschaftspartei" (LWP). Diese ist zugleich die einzige existierende Partei mit Regierungsverantwortung, die sie, wie es das Stück suggeriert, wohl auch in Zukunft haben wird. In dieser Partei findet ein unfairer Wettkampf einzelner, der Partei schon langjährig angehöriger, Kontrahenten zur Wahl des Parteivorsitzenden statt. Diese Politiker sind namentlich „Haudegen" (der noch amtierende Parteivorsitzende) und „Blender" (der Schatzmeister der Partei). Die LWP selber steht unter deutlich erhöhtem Meinungs- und Erwartungs-Druck der Bürger, die, wegen einer harten Wirtschaftsdepression in Kombination mit den Folgen der Corona-Krise, existenziell schwer betroffen oder bedroht sind.

(In der Ur-Fassung des Stückes von 2009 wird nur auf die Folgen der Weltwirtschaftskrise Bezug genommen).

Der Protagonist des Stückes, ein verhältnismäßig junger, aufstrebender Akademiker, dessen Spezialisierung man im Bereich der Politik- oder Wirtschaftswissenschaften vermuten kann, hat großen Erfolg, seine Ideen für einen sozialen und makroökonomischen Strukturwandel massentauglich zu machen, denn der Zuspruch für seine Person und seine Visionen ist bei den Wählerinnen und Wählern im Volk sehr groß. Der junge Akademiker, der im Stück immer nur der „Doktor" genannt wird, hat in seiner Promotion die ökonomische Theorie des bedingungslosen garantierten Grundeinkommens untersucht, und die Umsetzbarkeit desselbigen ebenfalls offenbar theoretisch bewiesen. Er ist überzeugt, dass die soziale Gerechtigkeit das höchste Gut ist, und, dass durch die Einführung eines Grundeinkommens, Benachteiligungen der Menschen wegen fehlender Chancen und daraus resultierender Perspektivlosigkeiten und allgemeine existenzielle Ängste wirksam beseitigt werden können. Er repräsentiert den einzig ehrlichen Charakter im Stück, zugleich ist er der klassische Idealist, der leider (in beiden Versionen des Stückes) zum Scheitern verurteilt ist, da er zu naiv und ehrlich ist. (Seine Frau ist in der neuen Fassung von 2021 ebenfalls ein ehrlicher Hauptcharakter (geworden).)

„Wahlschlacht" zeigt die, hintergründig und normalerweise unsichtbaren, Intrigen einer fiktiven deutschen Regierungspartei auf, und gleichzeitig das Machtstreben der zwei gewissenlosen und karrieregierigen, vorhin genannten, Politiker. Sie haben keine Vorstellung, warum sie sich überhaupt für das Wohl der Gesellschaft einsetzen sollten, sondern sie sind nur am eigenen Aufstieg zum Parteivorsitz, und damit zur Macht, interessiert.

Der „Doktor" ist, aufgrund seiner überwältigenden Popularität mit seinem Konzept „So geht Zukunft!" (in der 2021er Version so betitelt), für die beiden Politiker ein ideales Aushängeschild und eine perfekte Marionette, sodass sie sich im Lichte der Veränderung präsentieren können, und so ihr parteiinternes Überleben und das Überleben der Dominanz der LWP in Deutschland sichern wollen. Deshalb versuchen Haudegen und Blender vehement, den jungen Akademiker auf ihre jeweilige Seite zu ziehen. Ihre Methodik ist es, ihm eine aussichtsreiche Laufbahn zu offerieren, für die nächste Zeit als stellvertretender Parteivorsitzender und in Zukunft irgendwann auch als Nachfolger, beziehungsweise Haupt-Parteivorsitzender.

Den beiden Politikern geht es offensichtlich nicht um die Ambitionen des jungen Doktors, einen sozial-ökonomischen Grund-Strukturwandel in Gang zu setzen, demzufolge versuchen sie seinen Plan und seine Überzeugung mit rhetorischen und, am Ende des Stückes, erfolgreichen verleumderischen und rufzerstörenden Mitteln erst zu entschärfen, und dann vollends zu torpedieren. Während sie den Herrn Doktor umwerben, probieren sie beschwichtigend, ihn ruhigzustellen, mit den Ausreden, dass das Thema Grundeinkommen behutsam der Parteibasis schmackhaft gemacht werden muss, was angeblich nur sie können. Außerdem ist das Thema laut den Aussagen der beiden möglichst nach der Wahl zu platzieren. Obendrein wird auf den Ratschlag der beiden der unschöne Begriff des Grundeinkommens durch Bürgergeld ersetzt.

Wegen des Drucks, die die beiden auf ihn ausüben, wendet sich der junge Dissident an seine willens- und charakterstarke Frau, der im alten und neuen Stück jeweils eine sehr unterschiedliche Mentalität vom Autor zugesprochen wird. Auch sie hat ein Interesse daran, dass ihr Mann in der Berufspolitik solide Fuß fassen kann, deshalb dirigiert sie ihn, dass er, ohne Kompromisse einzugehen, auf die zugesicherte Unterstützung der beiden bestehen soll, in der Retourkutsche den beiden Bewerbern ebenfalls keinen Verhandlungsspielraum lassen soll, dass zumindest einer von beiden ihn letzten Endes auch garantiert unterstützen wird, beziehungsweise muss, da beide Politiker für ihre gesicherte Wiederwahl absolut auf die partnerschaftliche Unterstützung des jungen Doktors angewiesen sind.

Da der Doktor, anders als seine weitsichtige Frau, ausgesprochen stark naiv ist, glaubt er, er habe so oder so gewonnen, weil beide ihm den scheinbaren vollen Rückhalt ausgesprochen haben. Die Patt-Situation besteht darin, dass er sich noch für einen der beiden vor der Parteivorsitzendenwahl entscheiden muss. Er würde sich dabei auch unvermeidlich für eine lange Zeit einen gefährlichen Gegenspieler schaffen, da er ja einen von den beiden quasi hintergehen muss. Der Doktor hat nämlich den Fehler gemacht, sich beim Verhandeln gleichzeitig mit beiden Werbern gutstellen zu wollen, ohne dass beide gegenseitig davon wissen, demzufolge würde entweder der eine oder der andere zwangsläufig enttäuscht werden müssen, was diesen dann auf Rache sinnen lassen könnte.

Jedoch, seine Frau beweist Raffinesse, und legte ihrem Mann das Konzept nahe, am Tag der Parteivorsitzendenwahl, überraschend selber zu kandidieren, um selber die Zügel in die Hand zu nehmen, die Werber abzuschütteln, und damit gleichzeitig seine Ideale und seine Politik echt durchsetzen zu können, durch die das bisherige Leitmotiv der Leistungs- und Wirtschaftspartei komplett reformiert werden würde.

Dass ein bedingungsloses garantiertes Grundeinkommen dem Prinzip von Arbeit und Gegenleistung vollkommen wiedersprechen würde, ist den beiden Kontrahenten Haudegen und Blender von Anfang an klar, jedoch entsinnen sich auch die beiden nahe des Endes des Stückes, der scheinbar harmlose Doktor könnte es eventuell schaffen, heimlich die beiden gegeneinander auszuspielen. Obwohl sie eigentlich erbittertste Widersacher sind, schweißt die Not sie zusammen. Sie weben das Intrigennetz, um den Doktor die Hände zu binden, lassen Behauptungen in die Presse setzen, dass die Doktorarbeit größtenteils abgeschrieben sei, er mehrere Geliebte habe (dabei seien sogar die Gattinnen der beiden Politiker involviert) etc... Im Endeffekt haben die Politiker damit erfolgreich erreicht, dass die anfänglich gute Reputation des humanistisch eingestellten Doktors in der Öffentlichkeit vollends verzerrt und zerstört wird.

Das hat zur Folge, dass in ihm aufkeimende Minderwertigkeitskomplexe ihn von seiner Kandidatur zum Parteivorsitzenden wirksam abhalten. Er geht wortwörtlich „nach Hause". Die Peripetie des Stückes besteht darin, dass der Theaterzuschauer nicht mit einem Aufstieg der „Frau Doktor" gerechnet hätte. (Die Aufstiege sind, je nach Fassung des Stückes, anders ausgestaltet.)

Die alte Fassung besitzt ein starres Ende, welches impliziert, dass die „Frau Doktor" ihren Mann für ihr eigenes politisches Machtstreben wohl jahrelang ausgenutzt hat, und nachdem er resigniert aufgegeben hat, ergreift sie die Chance eine politische Machtposition für sich, auf einem direkten Wege statt einem indirekten über ihren Mann, zu erlangen. Dies schafft sie mithilfe von Erpressung, Verleumdung, Drohungen, daraus resultierenden möglichen Prozessen und Skandalen, da sie die Verschwörung der beiden gegen ihren Mann heimlich aufzeichnen konnte. Auf diese Weise bewegt sie Haudegen dazu, der sich gezwungenermaßen kompromissbereit zeigt, ihr eine Ministerposition in der kommenden Regierung zuzubilligen, obendrein wird sie stellvertretende Parteivorsitzende. Blender wurde praktisch die Begnadigung seitens Haudegen gewährt. Blender tritt vom Wahlkampf um den Parteivorsitz zurück, dafür setzt sich Haudegen zugesichert dafür ein, dass Blender zum Schatzmeister wiedergewählt wird. Blender bleibt auch schlicht keine andere Option übrig, als einzuwilligen, da Haudegen Blender wegen der geheimen schwarzen Kassen im Ausland, die er ohne Einweihung des Parteivorsitzenden etabliert hat, gezielt erpressen kann.

Die neue Fassung besitzt ein dynamischeres Ende, wo es sich so zuträgt, dass die „Frau Doktor" den Herrn Haudegen zu einem Wettstreit um den Parteivorsitz herausfordert, nachdem ihr Mann, identisch zur alten Fassung, resigniert aufgegeben hat. Sie hat genau wie in der alten Fassung die Möglichkeit, aufgrund der geheimen Aufzeichnung von der Verschwörung der beiden gegen ihren Mann, Haudegen unter Druck zu setzen. Dies macht sie, in der überarbeiteten Variante des Endes, aber nicht der Machtgier und des Strebens nach Eigennutz wegen, sondern sie ist in der neuen Fassung, neben ihrem Mann, ebenfalls ein ehrlicher progressiv-eingestellter Charakter in dem Stück, mit dem feinen Gespür und dem notwendigen Mut, eine Situation so nutzen zu können, wie es der Utilitarismus gebietet, was dem „Herrn Doktor" einfach gefehlt hat.

Mit dem politischen Konzept ihres Mannes, dem Grundeinkommen, ebnet sich die „Frau Doktor" nun selbst einen Weg zur Parteivorsitzendenposition. Am Ende der aktualisierten Fassung existiert ein aktiver Wahl-Moment, der die Zuschauer als wahlberechtigte Mitglieder der LWP mit einbezieht. Die Reflexionen über das Stück, durch die Theaterzuschauer und den Intendanten des S'ensembles, legen nahe, dass die Frau die Wahl immer mit absoluter Mehrheit gewonnen hat, Haudegen kommt mit seiner sozialmarktwirtschaftlichen Theorie bei den Parteimitgliedern, sprich den Theaterzuschauern, praktisch nicht an. Unbestreitbar ist die Position Pro-Grundeinkommen von dem Stück sehr stark favorisiert, einen so unsympathischen Politiker wie Haudegen würden ohnehin die wenigsten der Theaterzuschauer, nach dem genauen Mitverfolgen der hintergründigen Sachlage, wählen. Somit kann man prinzipiell auch von einem quasi-offenen Ende der 2021er Fassung sprechen.

Die aktualisierte Fassung des Stückes versucht zudem, die Vorzüge und vor allem die Finanzierbarkeit des Grundeinkommens dem Publikum, während der Wahlendkampfrede der „Frau Doktor", glaubhaft nahezubringen.

3. Figurenstile im Stück:

Die Figuren(stile) sind stereotypisch. Haudegen und Blender repräsentieren eine verdorbene durchkorrumpierte Politiklandschaft.

Der Doktor ist der klassische Idealist, streng nach Klischee scheitert er auch, auch wenn er während eines Dialogs mit seiner Frau sogar einmal sagen kann „Ich bin jetzt Politiker!".[2] Dass sich der Doktor ebenso kurzweilig anders verhalten konnte, je nachdem welche Pappbrillenform er im persönlichen Gespräch mit seiner Frau trug, ist ein Zeichen dafür, dass die beiden Politiker Haudegen und Blender während des Stückes zunehmend einen schlechten Einfluss auf den Doktor haben. (Für weiterführende Erklärungen bezüglich der Bedeutung der Pappbrillenformen im Detail siehe die Seminararbeits-Seiten 15 (Postdramatik) und 33 (Medienecho).)

Die Frau des Doktors ist eine – wegen der alten und neuen Fassung – „gespaltene Persönlichkeit". Im Machtspiel der Männer hat „die Frau des jungen aufstrebenden Politikers, selbst jung und schön, [...] und mit dem Wissen von allen dreien ausgestattet, das sie für sich zu nutzen weiß"[3], einen bzw. den entscheidenden Wettbewerbsvorteil.

Der Schluss des Stückes ist, vor allem in der 2021er Fassung, bewusst absurd gestaltet. Das Ende des neuen Stücks ist „[e]ine Farce in einer strengen, [realitätsdokumentierenden] Choreographie"[4], denn die schnelle Aufstellung zur Wahl der/des Parteivorsitzenden (von der Frau und es hätte rein theoretisch auch vom Doktor sein können) ist eine Komödie. Es ist schlichtweg eine unwahrscheinliche Situation und der Frau des Doktors wurde hier sehr bewusst die extravagante Wahl(end)kampfrede, im Vergleich zu der von Haudegen, in den Mund gelegt. Das Ende der Ur-Fassung hingegen muss sogar als Schmierenkomödie bezeichnet werden, da dort der Kern des Endes der Ur-Fassung die pessimistische Un-Veränderung eingefrorener politischer Machtstrukturen und das Prinzip der Vetternwirtschaft wiederspiegelt.

Was macht die Farce im Stück aus? Es sind zu nennen die symbolischen Verkleidungen, die Papp-Kleidungen und Papp-Gegenstände, also die „Gegenstandslosigkeit" von richtigen oder authentischen Requisiten. Ebenso die Tempuswechsel, das zyklisch wiederkehrende Schneller-Werden der Reden (vgl. den Aspekt der Repetition im Unter-Kapitel Postdramatik), oder die „sexuellen Anspielungen", bzw. die hierzu „kompromittierenden" Fotos (diese werden auf der Bühne pantomimisch nachgeeifert), die den Doktor in vermeintlich „verfänglichen" Situationen mit Frauen zeigen, und die ihm dann öffentlich/medial zur Last gelegt werden.

---

[2] Seidel, Sebastian: WAHLSCHLACHT. „So geht Zukunft", 2021, S.33
[3] Seidel, Sebastian: Theater-Marathon. 10 Theaterstücke, 2012, S. 6
[4] Ebd.

4. Sprache im Stück:

Die Sprache des Stückes baut größtenteils auf, aus dem Alltag bekannten, einfachen Dialogen zwischen den Hauptfiguren auf. Die gesprochenen Sätze sind überwiegend parataktischer Natur, die simpel und verständlich formuliert sind. Zeitweise werden die Dialoge unterbrochen von Reden des Doktors, die länger sind als die Dialoge, und die gleichzeitig in einer anderen Dimension der Bühnenrealität stattfinden. Die Adressaten dieser Reden sind vordergründig die Theaterzuschauer, und hintergründig die unsichtbaren Fernsehzuschauer der Bühnenrealität, die ebenso die direkt Betroffenen wegen entsprechender Krisen sind. Die direkte Verknüpfung der Bilder der fiktiven News-Einspiele vom Bild der Bürger-Menge geben gleichzeitig auch das Bild der Bürger-Massen wieder, die vom Doktor und seinen Visionen schier in den Bann gezogen werden (könnten).

Die unsichtbaren Fernsehzuschauer der Bühnenrealität, die nur in der Vor-Vergangenheit der Bühnenwelt existieren, erfassen als Normalbürger ohne Kenntnisse über die wahren Vorgänge in der Hinterzimmerwelt einer politischen Partei dementsprechend nicht die komplette Kausallogik des Geschehens. Für Haudegen und Blender wäre es sicherlich genehm, wenn die Bürger still und leise in ihrem Zuhause bleiben, dort, wo sie für die eben genannten Politiker am besten aufgehoben wären, nämlich vor den Medien(geräten). Die Bürger würden damit die Missstände und Katastrophen draußen lassen, abstrakte Objekte für sie sein, und sich mit dem tröstenden Gedanken begnügen, dass die sogenannten erfahrenen Politiker alles „schon richten" werden, was nicht in Ordnung ist.

Dadurch, dass dem Bürger bzw. dem Fernsehpublikum nur berichtet wird, hält man ihn effektiv von einer echten politischen Partizipation fern. Politiker wie Haudegen und Blender würden intervenieren müssen, wenn die Bürger im großen Stile anfangen würden, etwas zu unternehmen, um Einmischung zu verhindern.[5]

Eine ständige filmische Darstellung der Geschehnisse im Lande und auf der Welt lässt die Menschen die Missstände nicht mehr unterbewusst-bewusst werden, und demzufolge verlieren sie die Fähigkeit, zu ahnen, was auf sie zukommen könnte. (Dann wäre Hinschauen theoretisch nicht mehr wert als wegschauen.)

Die wirklichkeitsgetreue Darstellung der rhetorischen Elemente der Politiklandschaft im Stück werden als durchwegs hohle, leere Parteiphrasen, Floskeln, Sprüche und gegenstandslose Reden der beiden Politiker Haudegen und Blender zutreffend dargestellt. Es ist letzten Endes absolut austauschbar, wer etwas sagt und was gesagt wird, da im Grunde nichts gesagt wird.

---

[5] Vgl. Lehmann, Hans-Thies: Postdramatisches Theater, 1999, S. 467 f.

Der Autor leistet in diesem Falle mit seinem Theaterstück „Widerstand gegen eingespielte und gut geölte soziale Verständigungsformeln."[6] Die Siegesrede der „Frau Doktor" beziehungsweise die Siegesrede des Haudegen sind im Grunde auch identisch, mit dem einzigen Unterschied, dass die „Frau Doktor" das Grundeinkommen, und Haudegen die Soziale Marktwirtschaft erwähnt, was gleichzeitig, wenn auch nicht für den reellen Zuschauer, der sehr wahrscheinlich das Skript nicht zur Hand hat, zeigt, wie irrelevant das Zuhören von Wahlkampfreden im Grunde sein kann.

Postdramatisch (siehe Unter-Kapitel Postdramatik) sind diese Versuche dahingehend, dass stereotype Motive, Gags oder symbolische Namen nicht im Rahmen einer klassischen Dramaturgieform existieren, sondern als Phrasen in einem getakteten Rhythmus, als Elemente einer Collage, dienen.[7]

Die Mottos und Schlagworte „So geht Zukunft!" (und „Die Zeit ist reif!") sind nur in der neuen Fassung zu finden.

Etwas, was beide Fassungen liefern, ist die „Präambel" der Lesefassung: Zitate von Politikern im Vorwort geben Hinweis auf die reelle Vetternwirtschaft und auf die dann fortfolgend konstruierte Situation im Stück:

> „Versuche es denen, die Dich mögen und sich für Dich einsetzen, so recht wie möglich zu machen." – Franz Joseph Strauß[8]
>
> „Sehr viel, fast alles habe ich ihm zu verdanken." – Edmund Stoiber über Strauß[8]
>
> „Das war das Poster über meinem Bett in der Jugendzeit." Markus Söder (über sein Jugendbild unter einem Strauß-Plakat) *(Nur in der überarbeiteten Fassung)*[9]

Das legt nahe, dass starre und kalte (interne) Parteigesetze und Machtkonventionen wohl soziologisches Naturgesetz seien, die letzten Endes aus der Kausalität der evolutionären Hierarchiestrukturentwicklung der Spezies Mensch resultieren. (Natürlich muss auch die vorherrschende Mentalität in der LWP entsprechend berücksichtigt werden.) Auch ein Idealist wie der Doktor muss sich als ein Neuling in der Berufspolitik an die Fersen eines Förderers haften.

Was die Politiker Haudegen und Blender ausmacht, ist die Tatsache, dass sie versuchen, das Prinzip des bedingungslosen garantierten Grundeinkommens schöner der Masse zu verkaufen, ohne diese gleich zu verschrecken, so präferieren sie beide die Bezeichnung des Bürgergeldes, die vor allem nach Förderung des Einzelnen, und nicht mehr nur nach (wie es Blender vorgeworfen hat) „Staatlicher Solidarität als Einbahnstraße"[10] klingt.

---

[6] Ebd. S. 351
[7] Ebd. Vgl. S. 419
[8] Seidel, Sebastian: Theater-Marathon. 10 Theaterstücke, Augsburg, Deutschland: Wißner-Verlag, 2012, S. 137
[9] Seidel, Sebastian: WAHLSCHLACHT. „So geht Zukunft", 2021, S. 3
[10] Ebd. S. 22

Der Grundgedanke der Dialektik kommt im Stück zum Tragen. Die Position (das bedingungslose garantierte Grundeinkommen), von der ausgegangen wird, wird durch gegensätzliche Behauptungen (seitens Haudegen und Blenders) infrage gestellt und in der Synthese beider Positionen wird versucht eine Erkenntnis höherer Art (beim Zuschauer) zu gewinnen.

Auch ist das Ideal der Übersichtlichkeit nach Aristoteles im Stück zu finden. Die Ordnung der Reihenfolge wird mit der Logik vereinbart. „Das „Ganze" der Handlung, eine theoretische Fiktion, begründet den Logos einer Totalität."[11] Die Peripetie (der Verschwörung Haudegen und Blenders; und in der alten Fassung auch der Frau gegen ihren eigenen Mann) erweist sich hier ebenso als eine eigentlich logische Komponente, wie zugleich auch die Katastrophe (dass der Doktor nicht mehr zur Wahl antreten kann und sich alle gegen ihn gewandt haben) dies tut. Das „Happy End" der neuen Fassung, die die Frau als Siegerin (der Umsetzung ihrer Ideale) hervortreten lässt, ist in der neuen Version des Endes jedoch eine Farce. Jedoch, ein „plakativer" (Handlungs-)Verlauf, samt Sparsamkeit der (Zeichen-)Mittel führt zu einer leichten De-Dramatisierung. Das Momentum der Spannung ist entschärft, es lässt sich etwas von postdramatischer Isotonie verorten. Manches Mal erscheint es, dass das, was vollzogen und gesprochen wird, den Charakter eines notwendigen, quasi zeremoniell vollführten und verabredeten Ritus trägt.[12]

---

[11] Lehmann, Hans-Thies: Postdramatisches Theater, 1999, S. 61
[12] Ebd. Vgl. S. 125 f.

5. Technische Vorzüglichkeit des Künstlers (Dr. phil. Sebastian Seidel) und seine
   Methode zur Beeinflussung und (Meinungs-)Manipulation des Publikums:

Ein wesentlicher Bestandteil des Erfolges des S'ensembles liegt in der Verständlichkeit, „indem es die Zeichen der Wirklichkeit benutzt, [und] auf ein dem Publikum bekanntes Zeichensystem zurückgreift."[13] Die Zeichen und die Darstellung sind – aufgrund des (Medien-)Alltags – nahe am Publikum. „[Es] hat [...] mit dem Leben und der Zeit [von uns] zu tun. Die Identifikation mit den Themen und den Personen ist einfacher."[14]

Beim Ende des Stückes fordert Dr. Seidel unbedingt Einsicht, die (im Grunde) nur die (zu werdende) Wirklichkeit zulässt, und die dadurch auch gleichzeitig Inhalt der (Stück-)Wirklichkeit wird. Das Stück ferner ist hierbei einer Art von Seismograph, dass den Gebrauch eines politischen Verhaltenskodex angewandt auf den Einzelfall, der hierbei nur auf den unpersönlichen symbolischen Namen „Der Doktor" hört, beschreibt.

Der Generalfall ist zwar gewiss, die Anwendbarkeit der oben genannten Verhaltenspsychologie auf den Einzelfall ist aber ungewiss; die konstruierte Situation im Stück ist in mehrerlei Hinsicht von Bewertungen abhängig, sie wurden in einen Kontext gesetzt und ist am Ende des Stückes wirklich von der Bewertung des Beobachters abhängig.

Indem es sich der (Re-)Konstruktion bedient, die hier die Funktion einer politischen Selbstverständlichkeit aufzeigt, es aber gleichzeitig durch die Darstellung „dramatisiert", verfremdet es das eigentlich Selbstverständliche und lässt den ganzen Kontext des Stückes in das Licht der notwendigen Veränderung treten.

Für die „philosophische" Wirklichkeit nimmt der Autor eine mögliche (!) Variante der Wahrheit in Anspruch und behauptet mit seinem Stück, dass diese Wahrheit die Wirklichkeit sei; es wird weniger auf die Vernunft des Zuschauers als mehr auf die „Autorität des Künstlers" gesetzt. Der Entscheidungswille der Theaterzuschauer am Ende des Stückes ist als „frei, aber schwach" zu beschreiben, weswegen er sich auf die Autorität des Künstlers stützen muss, in dem Fall die (personifizierte) „Frau Doktor", die seine (also nicht nur die ihres Mannes sondern auch des Zuschauers) Schwäche kompensiert.

Des Zuschauers (Willens-)Schwäche besteht darin, dass der Zuschauer die Dissidenten auf der Bühne Revolution spielen lässt, während sich der Zuschauer selbst als einer Art von siegreicher Revolutionär fühlt, indem er – von seinem bequemen Zuschauersessel aus – mit seiner Stimmvergabe (für des

---

[13] Nikitin, Boris (Hrsg.); Schlewitt, Carena (Hrsg.); Brenk, Tobias (Hrsg.): Dokument, Fälschung, Wirklichkeit. Materialband zum zeitgenössischen Dokumentarischen Theater, 2014, S.19
[14] Ebd.

Doktors Frau) seinem Unterbewusstsein eine edle Tätigkeit vortäuscht, etwas gegen die Not tatsächlich unternommen zu haben.

Dr. Sebastian Seidel ist in dem Fall die übergeordnete Künstlerische Autorität, der mit seinem Referenzrahmen, dem Stück selber also, „eigentlich" nur eine Wahrheit anzunehmen erlaubt, was bei der überwältigenden Stimmenmehrheit für die „Frau Doktor" anstatt „Haudegen" genau so auch beweisbar zum Ausdruck kommt. Die Behauptung der Notwendigkeit des Grundeinkommens, mit der der Zuschauer konfrontiert wird, kann vom Zuschauer selber nicht sicher ausdifferenziert werden, ob sie nun stimme oder nicht, aber dadurch, dass sich die Zuschauer anhand der ganz eigenen Einbildungskraft das Behauptete als Möglichkeit vorstellen können (Antizipation), entsteht überhaupt erst diese Kettenreaktion des Theaterzuschauer-Schwarms.

Angemerkt sei, dass die Definition des dokumentarischen Theaters es sowieso nicht entscheidend macht, ob eine sogenannte „Wahrheit" einer Überprüfung standhält.

> „[E]ntscheidend ist nur die schlichte Tatsache, dass in den Inszenierungen und den Stücken des dokumentarischen Theaters mit einem Wahrheitsanspruch auf eine konkrete Wirklichkeit zugegriffen oder verwiesen wird – und dass alle postulierten Wahrheiten und offengelegten Dilemmata in einen unmittelbaren Bezug zur konkreten Wirklichkeit stehen"[15]

Um den besonderen Wahl-Moment am Ende des Stückes weiter zu erklären, muss die Dreigliedrigkeit der (drei) Sinndimensionen – nach Niklas Luhmann – auf die Gesamtlänge des Stückes angewendet werden, nämlich Ereignis, Erfahrung und Begegnung (des Zuschauers), genauer das vereinfachte Ereignis der Intrige(n), die Erfahrung des Zuschauers die – normalerweise – unmachbar ist (in Bezug auf die Intrige(n)), und der letztgültigen Begegnung des Zuschauers mit dem neuen Umstand, indem er seine Stimme der „Frau Doktor" gibt. Ferner erfüllt es dabei den zeitlosen (wegen des Verhaltens in der Politik), fachlichen (wegen der akademischen Theorie des Grundeinkommens) und sozialen Sinn (wegen der Notwendigkeit des Grundeinkommens).

> „Das Besondere [am] Massenprozess[] ist, dass es zur Synchronisation der Beobachtung und in deren Folge zur Synchronisation des Erlebens, der Emotionen und der Handlungsimpulse der Beteiligten kommen kann. Alle sehen das Gleiche, identifizieren sich in ähnlicher Weise mit dem Geschehen und lassen sich ähnlich berühren. Sie stecken sich mit ihren Gefühlen an und handeln im Extremfall in der selben Weise."[16]

---

[15] Ebd. S. 150
[16] Ebd. S. 43

6. Einordnung des Stückes in Theaterwissenschaftliche Strömungen:

6.1. Postdramatik:

Mögliche Theaterwissenschaftliche Strömungen, in die sich „Wahlschlacht" einordnen lässt, sind beispielsweise die Postdramatik, da auch in Seidels Stücken auf die Welt der elektronischen Medien reagiert wurde. Da das Stück den postmodernen philosophischen Diskurs, bspw. über das bedingungslose garantierte Grundeinkommen einfließen lässt, und vor dem Hintergrund einer normalerweise nicht sichtbaren politischen Waffengewalt „erstrahlen" lässt, darf angenommen werden, dass es sich hierbei in mancherlei Segmenten um Postdramatik handelt, da bei der Wahlschlacht gesellschaftliche Ereignisse und soziale Themen verhandelt werden, verbunden mit der Dringlichkeit der Aktualität und eines sozialwissenschaftlich-ökonomischen Ansatzes zur Lösung zukunftsdrohender Probleme und Herausforderungen.

Es gibt jedoch Rollen im Sinne eines dramatischen Theaters, aber nach Feridun Zaimoglu könnte es durchaus zutreffend sein, dass Figuren nur „Behälter für Ideen [sind], oder viel eher für Worte, und [sie] torkeln als Sprachtonnen durch eine grob gesetzte Handlung."[17]

Es ist erkennbar, dass Dr. Seidel einen apriorischen Erkenntnissgewinn des Zuschauers anstrebt, der Zuschauer selbst hat die Auswirkungen eines Grundeinkommens noch nie selbst erfahren, seine Notwendigkeit muss daher – auch vom Laien – theoretisch erschlossen werden.

An der visuellen Machart des Stückes ist unbezweifelbar festzustellen, dass Seidels Stücke durchaus kein reines Texttheater sind. Seidels „Drama" basiert auf „der Abstraktionsleistung, eine Modellwelt zu skizzieren, in der die Fülle nicht der Wirklichkeit insgesamt, sondern des menschlichen Verhaltens im Stande eines Experiments anschaulich wird."[18]

Andrzej Wirth beschreibt das Phänomen des „Entzug[s] der Bequemlichkeit einer konventionellen Zuschauerhaltung" – also den Einbezug des Publikums in den Spielvorgang (und nicht wie bei Brecht zu verstehen das distanzwahrende und konzentriert logische Mitverfolgen der Inszenierten Probleme).[19] Dies ist bei der Wahlschlacht am Ende durch den Wahlentscheid zum Posten des/der Parteivorsitzenden gegeben.

---

[17] Feridun Zaimoglu: Amoklauf ist das Gebot der Stunde. Gespräch mit Jurymitgliedern des Berliner Stückemarktes. In: Theater der Zeit, 05/2007
[18] Lehmann, Hans-Thies: Postdramatisches Theater, 1999, S.60
[19] Andrzej Wirth: Realität auf dem Theater als ästhetische Utopie oder: Wandlungen des Theaters im Umfeld der Medien. In: Gießener Universitätsblätter 202, 1987, 83 – 91.

Ebenso mediale Rezeptionsgewohnheiten (Fernsehen) haben auf das Stück Einfluss genommen, wie ja auch vorher die Reden des Doktors, die „in einer anderen Dimension der Bühnenrealität" stattfinden, in diesem Sinne erwähnt wurden.

Der Beobachtung nach akzeptieren die Zuschauer das „moderne", auf jeden Fall einfallsreiche, Bühnenbild, gleichzeitig dürfen sie auf ihnen schon bekannte „Fabeln" zurückblicken, sie erkennen einen Sinnzusammenhang, fühlen sich kulturell selbstbestätigt, und – glauben zu – wissen, was sie erwartet.[20] Dr. Seidels Werke zeugen – der Beobachtung nach – von „Ästhetik von Zeitgenossenschaft" und zugleich schreiben sie ein „altes Modell handwerklich gekonnt fort".[21]

Das Postdramatische bedarf jedoch immer einer gewissen Normalität der Dramatik; wenn die theatrale „Ganzheit als Modell"[22] wirklich verschwinden würde, dann würde es tatsächlich als unverschmolzenes Element neben der Dramatik existieren. Was man aber unbezweifelbar bei Seidel'schen Stücken feststellen kann, ist die starke postmoderne Tendenz, dass sich die Schauspieler verstärkt nach vorne zum Publikum hin gewandt zeigen und auch so „frontal" spielen, die sich seit den 1980er/90er Jahren eingeschlichen hat.[23]

Die Texte entsprechen zwar nicht den Erwartungen, mit denen man dramatischen Texten begegnet, der Sinn ist aber „leidenschaftlich" klar, was eben auch ein Erfolgskriterium des S'ensembles ist. Wenn auch die Texte den Charakter eines Sprechtheaters aufweisen, so folgt das S'ensemble dennoch seinen eigenen, vielleicht von der Postdramatik unabhängigen Regeln, ähnlich wie ein Projekttheater. (In Teilen kann es auch sein, dass eine mehr oder minder durchprägte vielfältige Choreographierung des Bewegungsablaufes in Seidel' schen Stücken zu verorten ist.)

Man wird schwerlich eine „klassisch" aufgebaute dramatische Geschichte beim S'ensemble vorfinden, weshalb es einen unversehrten fiktiven Bühnenkosmos so auch nicht gibt. Ob traditionelles Theaterpublikum ein Problem in puncto Wahrnehmungspotenzial – bezogen auf Seidel' sche Machart – hier hat oder hätte, kann nur spekuliert werden.

Ebenso der Zeichengebrauch – z.B. die Papp-Gegenstände, die reale Alltagsgegenstände imitieren, sind ein klarer Hinweis auf die Postdramatik. Neben dem praktischen Vorteil der Kostenvergünstigung wird ihnen auch eine gewisse Mentalitäts-Bedeutung zugeschrieben, die Semiotik findet hierbei Anwendung bezüglich der Zuordnung verschiedener Verhaltensmuster zu diversen Formsymbolen. Parataxen sind ebenso kennzeichnend wie die De-Dramatisierung. Überdies ist die Nicht-Reizüberflutung, eben wegen der Verständlichkeit und Knappheit, „ein[] Grundmotiv des

---

[20] Vgl. Lehmann, Hans-Thies: Postdramatisches Theater, 1999, S. 17
[21] Ebd.
[22] Ebd. S. 22
[23] Vgl. Englhart, Andreas: Das Theater der Gegenwart, 2013, S. 70

aktivierenden Theaters." „Das Spiel mit der geringen Dichte der Zeichen zielt auf die eigene Aktivität des Zuschauers, die auf der Basis von geringfügigem Ausgangsmaterial produktiv werden soll."[24]

Ein typisches Verfahren der Postdramatik lässt sich auf die Wahlschlacht besonders gut anwenden. Die Ästhetik der Repetition[25]. Bei „Wahlschlacht" lässt sich eine sehr humorvolle parodistische Variante feststellen, die in der Ästhetik der Inszenierung erkennbar durch die Medienästhetik inspiriert wurde[26], man möge sich nur einmal vor Augen führen, wie virulent die Idee des Grundeinkommens in manchen (Bundes-)Ländern sein kann. Man möge sich exemplarisch (es gibt aber unzählige interessante Beispiele) die Unterredungen der beiden Politiker Haudegen und Blender mit ihren Frauen näher anschauen, die ihren Männern nahebringen, dass „dieser junge Doktor [...] gefährlich werden [kann]."[27] Hier kann man sicherlich das Sprichwort „Geschichte wiederholt sich" auch auf die Verhaltensweisen von im Grunde gleichen Personentypen anwenden. Jedoch hat die Wiederholung hier eine tragende Rolle des Sinnzusammenhangs und nicht wie in anderen postdramatischen Erzeugnissen nur die Funktion des Dekonstruktivismus. Man kann aber zweifelsfrei sagen, dass jede Wiederholung im Stück Unterschiede zum bereits Geschehenen aufweist, vor allem hat hier der Charakter der Repetition den parodistischen Charakter von bereits durch die Medien kennengelernten Stereotypen. Der Zuschauer fühlt sich bestätigt, das zu sehen, was man schon „weiß", und so witzig die Szenen auch sind, so wird mit einer Kraft, die den gleichen Betrag hat, der Zuschauer auch mit Überdruss aufgeladen, ihm wird ergo dadurch schlichtweg gar keine andere Wahl gelassen, als sich für die „Frau Doktor" zu entscheiden.

Weiter oben fanden die „kompromittierenden Fotos", die den Doktor in vermeintlich „verfänglichen" Positionen zeigen, Erwähnung. Auch hier bekommt der Zuschauer den vorher nicht erfassbaren Blick der Kausalität zu spüren. Das „Bild" bzw. die „Fotos", die hier pantomimisch nachgeeifert werden, lassen zwar eine Situation sehen, sie aber nicht zwangsläufig „erkennen". Denn was sagt ein Bild über die Wirklichkeit an sich tatsächlich schon aus? Die Menschen, die diese Fotos in der Presse/Medien sehen, sehen nur das, was sie sehen wollen, sie kennen nicht den Hintergrund, oder wie das Bild (selbst ohne Bildmontage) „hingetrickst" wurde. Auch sind akademische Faux Pas wesentlich weniger medienwirksam als Geliebtenskandale, wie die Frau Haudegens selbst in der Unterredung mit ihrem Mann sinngemäß zum Ausdruck gebracht hat.[28]

Hans-Thies Lehmann hat schon vor über 20 Jahren eine mögliche Wirk-Funktion postdramatischen Theaters beschrieben, die auf die „Wahlschlacht" passgenau anwendbar ist. „Erinnerung an das, was

---

[24] Lehmann, Hans-Thies: Postdramatisches Theater, 1999, S. 153
[25] Ebd. S. 334
[26] Ebd. Vgl. S. 419
[27] Seidel, Sebastian: WAHLSCHLACHT. „So geht Zukunft", 2021, S.11 & S.13
[28] Ebd. Vgl. S. 11

aussteht, Vergangenheit und Zukunft, Gedächtnis und Antizipation; Aufbrechen der allzu vollen, allzu vollständigen Präsenz aus Information, Konsum und sogenanntem Bewusstsein."[29]

Es sollte klar sein, dass das, was aus „aussteht" die (ökonomische und soziologische) Revolution (Das bedingungslose garantierte Grundeinkommen) ist und die Antizipation dessen in der scheinbaren Prüfung zur Zustimmung des Grundeinkommens durch die 99% Zustimmung für die „Frau Doktor" etabliert ist. Auch ist die Prüfung eben deshalb nur eine scheinbare, da 90% der deutschen Bevölkerung keine regelmäßigen Theaterbesucher sind, und die 10% der Deutschen, die es sind, sind, muss man doch sagen, eher pro-rot bzw. „linkisch" oder links-liberal.

Auch das, was Lehmann als „sogenannte[s] Bewusstsein" beschreibt, spielt beispielsweise auf die Tatsache der Foto-Evidenzen (siehe oben) an. (Der Zuschauer wird also aus seinem „Bildungstraum" geweckt.) Der „Mann von Welt" glaubt in seiner überheblichen Selbstzufriedenheit, die ganze Erkenntnis für sich gepachtet zu haben, meint, die ganze Außen- und Innenpolitik genau zu verstehen und erfassen zu können, aber wenn er dann ins (Seidel'sche) Theater geht, wird er im „Gedächtnisraum" unversehens überrascht und merkt, wie sich z.B. die kompromittierenden Fotos aus der Presse tatsächlich entwickelt haben.

Wo vorher die Ästhetik der Repetition in der Intention des Parodistischen erwähnt wurde, sei im Sinne Hans-Thies Lehmanns darauf hingedeutet, dass die derart geartete Floskel „Aus Wachstum entsteht Beschäftigung und aus Beschäftigung Wohlstand" von Haudegen und Blender im Stück immer wieder mehrfach – im wahrsten Sinne des Wortes – heruntergeleiert wird und damit auch an den Gedanken angeknüpft wird, dass wir uns immer mehr in die totale Abhängigkeit des Wirtschaftswachstums getrieben haben, genauso in die politischen Mittel derselbigen Absicherung, eben weil wir uns gewöhnt haben, die Not der Bedürfnisse durch immer mehr Kapital und Materialismus auszumerzen.[30] (Und es könnte gut sein, dass sich, bei einem dauerhaften Einstellen der ökonomischen Wachstumsgrenze (Stagnation), Schneeballsystem-Effekte und -Nebenwirkungen „breitmachen". Denn auch die Energie-Krise offenbart die Anfälligkeit der Überflussgesellschaft.)

---

[29] Lehmann, Hans-Thies: Postdramatisches Theater, 1999, S. 348
[30] Ebd. Vgl. S. 467

6.2.   Trend zum Dokumentarischen:

Ob die Stücke von Dr. Seidel dem sogenannten „Dokumentarischen Theater" zugeordnet werden dürfen, und ob sie der „Krise der Repräsentation"[31] nach 1989 entspringen, muss in der eigenen Sphäre des Dokumentarischen selbst untersucht werden. Ob Dr. Seidel als Partizipant zum sogenannten „Autorenboom" der Jahrtausendwende des postdramatischen Theorems gehört, dass „programmatisch auf ein zeit- und problembezogenes Engagement zielt"[32], ist ebenfalls möglich. Die Arbeit hier versucht die Fragen der Korrelation von Realität(en), Dokumentarismus, und Fiktion in „Wahlschlacht" aufzuarbeiten.

Die Schwierigkeit des Dokumentarischen Theaters ist es, dass es eigentlich kein einheitliches Genre ist. Alle dokumentarisch arbeitenden Theater und Künstler haben den Anspruch, die sogenannte „Wirklichkeit" als Material zu verwenden. Propaganda ist das Stück insofern, als „dass es seine eigene Wirklichkeit, seine eigenen Ansprüche, Bedingungen und Möglichkeiten reflektiert. Und gerade mit dieser Selbstreflexion wird die Bühne zu einem Labor der Wirklichkeit, indem auf spezifisch ästhetische Weise soziale Fantasien zu ihrem Recht kommen."[33]

Kann man bei Seidels Stücken allgemein und bei der „Wahlschlacht" im besonderen überhaupt eine klare Grenze zwischen dem Wirklichkeitsbezug und dem Fiktionalen ziehen? Es ist nicht direkt sagbar, ob besagter Theaterautor- und Regisseur sich gegen eine solche Kategorisierung selber wehren würde oder sie zumindest in Anführungsstrichen setzen würde. Denn es ist unmöglich zu erfassen, was „Wirklichkeit" genau ist. Ferner ist die „Wirklichkeit" bei der „Wahlschlacht" nicht zu trennen vom Modus der Wahrnehmung von Dr. Seidel.

> „Das [grundsätzliche] Dilemma [des] dokumentarischen arbeitende[n] Künstler[s] ist, dass [er]
> bei dem Versuch, die Wirklichkeit oder einen Ausschnitt daraus darzustellen, immer auf [seine]
> Ideen von „Wirklichkeit" zurückgeworfen wird – und damit auf die subjektiven, selektiven
> Vorannahmen und verinnerlichten Normen, durch die [sein] Blick geprägt ist."[34]

Es stellt sich daher die Frage nach der Zuverlässigkeit der Aussage, welche sich aus der Wirk-Absicht ableitet, dass das bedingungslose garantierte Grundeinkommen schlichtweg unumgänglich sei. Es ist auf jeden Fall als eine Behauptung erkennbar. Die „Autorität des Künstlers" meint eine Tatsache auf der Bühne darzustellen, tatsächlich stellt die Bühnenrealität nur eine zum „Fakt" verfestigte Fiktion dar, die im thematisierten Stück selber nicht echt argumentativ begründet wird. Wirklich wirksam

---

[31] Nikitin, Boris (Hrsg.); Schlewitt, Carena (Hrsg.); Brenk, Tobias (Hrsg.): Dokument, Fälschung, Wirklichkeit. Materialband zum zeitgenössischen Dokumentarischen Theater, 2014, S. 8
[32] Englhart, Andreas (Hrsg.); Schößler, Franziska (Hrsg.); Stierstorfer, Klaus (Hrsg.): Grundthemen der Literaturwissenschaft: Drama, 2021, S. 353
[33] Nikitin, Boris (Hrsg.); Schlewitt, Carena (Hrsg.); Brenk, Tobias (Hrsg.): Dokument, Fälschung, Wirklichkeit. Materialband zum zeitgenössischen Dokumentarischen Theater, 2014, S. 147
[34] Ebd. S. 14

wird die „Tatsache" (der Notwendigkeit des Grundeinkommens und des letztgültig immerwährenden parteiinternen politischen Machtkampfes) erst durch Wiederholung (Ästhetik der Repetition) während der Aufführung.

> „Der Eigenname verliert seine Willkür, nachdem man ihn oft genug ausgesprochen und gehört hat. [...] Erst durch die Wiederholung installiert sich im individuellen und kollektiven Bewusstsein [der Theaterzuschauer] eine spezifische Wirklichkeit."[35]

> „Für all jene, die die Wirklichkeit durch [...] realitätsnahes Theater darstellen wollen, gilt entsprechend, dass der Realitätsbezug nur durch Fiktion herzustellen ist, also durch beobachterabhängige Selektionen, welche die Realität als ein Artefakt konstruieren. [...] [Die dokumentarische Realität] hat also mitzuführen, dass die Wirklichkeit – sofern wir sie wahrnehmen sollen – konstruiert werden muss. Sie erscheint uns nur dann hinreichend real, einprägend und glaubhaft, wenn sie gut genug konstruiert worden ist. [...] Die als Fiktion markierte Story wird den Zuschauer nur dann berühren können, wenn zumindest Teilbereiche des Dargestellten in Resonanz zu seiner Erfahrungswirklichkeit treten, wenn also Vertrautes und Bekanntes [z.B. aus den Medienberichten] wiedererkannt werden können. [...] [(Re-)]Konstruktion und Realität sind also zwei Seiten ein und derselben Medaille."[36]

„Damit ist die dokumentarische Kunst eine Darstellungsform, die Realität konstruiert und rekonstruiert. Rekonstruktion bedeutet, dass sie sich in Darstellung und Form an jene Sinngehalte anschmiegt, welche als real erlebt werden und entsprechend bedeutsam erscheinen."[37] Sobald die Türschwelle zur „Sinnebene" des S'ensembles betreten wird, bekommt man es mit Realitäts-Konstruktionen zu tun, die dem pro-roten und avantgardistischen Theaterzuschauer real erscheint, da es im übertragenen Sinne die Welt darstellt, die diese Zuschauer erfühlen und erleben. „Das Dokumentarische durchkreuzt [also] die Grenzen zwischen Fiktion und Realität und arbeitet entsprechend an dem, was als Realität wahrgenommen wird."[38]

> „Der Fake [an sich] kann ein Instrument sein, Wirklichkeit als Oberfläche, als Erscheinungsbild mit einem bestimmten Vokabular kenntlich zu machen. Er verweist auf [...] Wirklichkeit als etwas gemachtes. Durch den Fake werden die Fakten verflüssigt und so die Wirklichkeit als etwas Machbares und Veränderbares kenntlichgemacht."[39]

Zur Herstellung der Glaubwürdigkeit von Dr. Seidels Aussageabsicht gehört unter anderem die Verwendung eines realen, baulichen Kontextes. (Und ist das vermeintlich Reale nicht selber auch das Produkt von Inszenierungen?) Ob „der Doktor" ein Verweis auf einen realen Charakter ist, es also eine „Inspirations-Matrize" gab, oder er nur allgemein die gescheiterten Seelen der rückgratbesitzenden Identitäten wiederspiegelt, kann nicht sicher ausdifferenziert werden. Des weiteren wird Glaubwürdigkeit geerntet, da es bereits eine Historie enttäuschten Vertrauens in und wegen der Politik gibt, derer die Menschen schon ohnehin müde sind, und sich deswegen avantgardistischeren Versuchen hingeben möchten. Dass die meisten Theaterbesucher

---

[35] Ebd. S. 15
[36] Ebd. S. 49
[37] Ebd. S. 57
[38] Ebd.
[39] Ebd. S. 16

Wirtschaftslaien sind, spielt Dr. Seidel hier besonders in die Hände; wenn schon die Machbarkeit des Grundeinkommens bei Akademikern sehr umstritten ist, wie soll das dann der Zuschauer einschätzen können? (Im Prinzip garnicht. Er lässt sich einlullen.) Wohlgemerkt, spielt hier auch das Faktum eine Rolle, dass „[d]ie erregte Gesellschaft [...] zu einer Misstrauensgesellschaft mutiert [ist]."[40] Skandale über Skandale in den Medien haben das Vertrauen zu Wirtschaft und Politik dezimiert. Den Menschen dürstet es nach Kontrolle der Obrigkeit, ein Teil von ihnen rennt zu extremen Positionen; auch die Idee des Grundeinkommens ist (theoretisch) eine extreme Position.

Es sei ebenfalls gesagt, dass Seidels Stücke im allgemeinen und bei der „Wahlschlacht" im Besonderen einen Aufklärungsanspruch haben und Informationen vermitteln; dass diese deutlich durch die soziologisch-wichtige (aber höchst subjektive) Deutung von Dr. Seidel selektiert werden, sollte man nach Anschauen weniger seiner Stücke nicht mehr infrage stellen. Die News-Einspiele beispielsweise sind erfundene „Dokumente", bedienen sich aber realer Aufnahmen von unzufriedenen Menschenansammlungen.

> „[Nach der] konstruktivistische[n] Perspektive [sei] jedes Bild der Welt, jeder Sinn von Worten, Sätzen, Texten [und] Handlungen konstruiert [, demzufolge] kann das definierende Merkmal des dokumentarischen Theaters nicht sein, dass es auf einmal „unmittelbare Realität" (usw.) auf der Bühne präsentiert." [41]

Die Beobachtung und Auswertung der Gesellschaft von Dr. Seidel ist demzufolge nicht nur eine „ästhetische Frage, sondern [sie ist] politisch relevant, weil aus der Art, wie die Gesellschaft sich selbst beobachtet, bzw. aus der so definierten Realität Handlungskonsequenzen abgeleitet werden [können]. Das Theater und sein[] Autor[] beteiligen sich an dem Wettbewerb, welche Beschreibungen, Erklärungen und Bewertungen das offizielle Weltbild und die daraus abzuleitenden kollektiv verbindlichen (=politischen) Entscheidungen leiten sollen."[42]

---

[40] Ebd. S. 135
[41] Ebd. S. 40
[42] Ebd.

6.3. Soziale Wirklichkeit und Wiederkehr der Ökonomie:

Ohne jeden Zweifel wird – aufgrund des omnipräsenten Vorhandenseins des Grundeinkommens – im Stück die Frage nach ethischen, volkswirtschaftlichen und staatspolitischen Aspekten aufgeworfen. Grundsätzlich wird die kapitalistische Tauschgesellschaft (Einkommen für Leistung) im Stück in Frage gestellt, und es wird die Alternative einer „Ethik der Gabe" aufgezeigt.

In der alten Fassung des Endes der Wahlschlacht ist deutlich zu sehen, dass der Doktor auch nur einer Art von Humankapital, letztenendes eine Rückversicherung für seine (in dem alten Fall) machtgierige Frau war, um zu Positionen emporzuklettern. Im alten Fall stand nicht nur die Ausbeutung des Doktors von Haudegen und oder Blender im Vordergrund, sondern auch der regelrechte Missbrauch des armen Mannes durch seine Lebensgefährtin.

Wem die mediale Welt nicht fremd ist, der würde meinen, dass Ökonomie sich inzwischen auf jeder gesellschaftlichen Ebene zur Haupt- und Modewissenschaft avanciert hat. Das turbulente Geschehen zur Zeit der aktuellen Energiekrise macht scheinbar jeden zum promovierten Ökonom. Natürlich denkt man beim Besehen des Stückes unweigerlich an den Staatshaushalt oder an (finanztechnische) Konsolidierung. Man mag sich natürlich schon während des Besehens des Stückes die Frage stellen, ob der Staat(shaushalt) nicht durch die Einführung eines Grundeinkommens (noch) marode(r) wird, genauso wird der wirtschaftlich interessierte Zuschauer feststellen, dass dadurch das Geld eine ungute Eigendynamik bekommen könnte, sowie es durch fehlende menschliche Wertschöpfung (deutlich) an Wert verlieren könnte, weil es nicht mehr durch die Arbeit(skraft) der Menschen (*und ihre Ausbeutung ebenhin*) gedeckt ist. Das Krisenszenario-Drama, dass sich hintergründig abspielt, also sowohl das Verhalten in der Politik als auch die Wirtschaftsrezessionen in Folge von misslungenen Signalen der Politik im Bereich der Wirtschaft, rechtfertigt die Existenz des Stückes überhaupt, ansonsten wäre es nur unwahrheitsgemäße Propaganda.

Dr. Seidel bedient beiderlei wirtschaftliche Sujets, in dem er einerseits sozialkritische sowie politische Handlungen dokumentiert, aber andererseits gleichzeitig auch als bürgerlicher Autor einen ambivalenten Blick auf die Depravierten übt.

Im der Wahlkampf(end)rede der Frau Doktor wird der Grundgedanke Brecht'schen Ökonomieverständnis klar.

> „Unsere Wirtschaftsordnung ist kein Naturgesetz. Märkte, Profite und Kapital sind von Menschen gemacht. Wie sie funktionieren, hängt allein von unseren Entscheidungen ab. Alles kann überdacht und geändert werden! Das ist die zentrale Botschaft meiner Kandidatur." [43]

---

[43] Seidel, Sebastian: WAHLSCHLACHT. „So geht Zukunft", 2021, S. 55

Indem Dr. Seidel der „Frau Doktor" diese Worte in den Mund legt, fungiert damit seine angewandte Sprachkritik damit ebenso als Wirtschaftskritik.[44] Dass Dr. Seidel damit auch unweigerlich seinen eigenen Berufsstand in den Schutz nimmt, wird fortfolgend erläutert.

„Stellen Sie sich vor, wir hätten vor der Finanzkrise, vor den Hartz-IV-Gesetzen oder vielleicht noch viel früher ein Grundeinkommen für alle eingeführt. Was wäre dann in der letzten Krise passiert? Die Zeit der Corona-Pandemie als Lebenskrise gerade für die Selbstständigen, Kreativen, Künstler, Erfinder und Gründer hätte es in dieser dramatischen Form niemals gegeben. Warum? Weil das garantierte Grundeinkommen genau jene unbürokratische Existenzsicherung dargestellt hätte, die diese Menschen benötigen. Fragt sich also, warum wir das garantierte Grundeinkommen nicht schon längst eingeführt haben?"[45]

In diesem Falle ist natürlich das Theatralische auch im Überleben der Institution Theater selbst zu suchen.

„Die bereits auf Flexibilität, Mobilität, Kurzfristigkeit und einem arbeitsdominierten Leben beruhende künstlerische Theaterarbeit an den öffentlichen Theatern wird in der Konsequenz verdichtet, durch steigenden Budgetdruck und projektbasierte Finanzierungen ökonomisiert und von den Rändern der Freien Szene herkommend prekarisiert. Darüber hinaus nimmt die Wahrnehmung der eigenen Prekarität und des Ökonomisierungsdrucks durch die Theaterkünstlerinnen und -künstler selbst zu. [...] Daraus resultiert zum einen die im ersten Teil für die Dramatik nach den 1990er Jahren dargelegte Selbstreflexion der eigenen Arbeitsbedingungen in der Kunst. Zum anderen zeigen Initiativen wie „art but fair" (seit 2013) und jüngst das „ensemble-netzwerk" (seit 2015), dass ein Bedürfnis nach Kollektivierung und Interessenpolitik besteht, um den geschilderten Tendenzen der Prekarisierung, Ökonomisierung und Arbeitsverdichtung entgegenzutreten. Solche Initiativen verweisen nicht zuletzt darauf, dass Theaterkünstlerinnen und -künstler Merkmale einer Gratifikationskrise [...] aufweisen, dass also die Gegenleistung für den zeitlichen, motivationalen, emotionalen und physischen Einsatz nicht mehr als angemessen wahrgenommen wird. Die künstlerische Identität und Selbstverwirklichung, die viele belastende Elemente künstlerischer Arbeitsverhältnisse kompensierten, können dies bei zunehmender Ökonomisierung offensichtlich immer weniger leisten."[46]

„Die deutschsprachigen Theater- und Dramenautorinnen bzw. -autoren interessieren sich seit Mitte der 1990er Jahre, nicht zuletzt infolge der Wende [...], verstärkt für Wirtschaftsthemen, allem voran für sich vermarktende, sich selbst disziplinierende Subjekte und ‚diskriminierende' Prekarität [...], die zunehmend selbst die gesellschaftliche Mitte bedroht. Seit etwa 1995 entsteht eine große Zahl an ‚Wirtschaftsdramen' (u.a. von Elfriede Jelinek, Falk Richter, Kathrin Röggla, Moritz Rinke, Roland Schimmelpfennig, Martin Heckmanns [...])."[47]

Was Dr. Seidel jedoch anders als gerade genannte Kollegen macht, ist gerade „den" alten Konflikt zwischen Kapital und Arbeit aus der „Erinnerungskiste" hervorzukramen. Im Stück selber wird die Unkontrollierbarkeit des Finanzwesens von den beiden Politikern Haudegen und Blender im Verschwörungsdialog gegen den Doktor offen ausgesprochen.

---

[44] Vgl. Jelinek, Elfriede; Lux, Joachim: Geld oder Leben! Das Schreckliche ist immer des Komischen Anfang. Elfriede Jelinek im e-Mail-Verkehr mit Joachim Lux, in: thalia-theater.de, (ohne Datum)

[45] Seidel, Sebastian: WAHLSCHLACHT. „So geht Zukunft", 2021, S. 55

[46] Englhart, Andreas (Hrsg.); Schößler, Franziska (Hrsg.); Stierstorfer, Klaus (Hrsg.): Grundthemen der Literaturwissenschaft: Drama, 2021, S. 630 f.

[47] Ebd. S. 622

„An unserem Geldsystem ist grundsätzlich nicht zu rütteln, auch wenn wir es manchmal stützen müssen. Letztlich ist das garantierte Grundeinkommen nicht gerecht, nicht finanzierbar und die Fortsetzung des Weges in den Fürsorgestaat und damit auch in die Unfreiheit."[48]

Letztenendes kann konstatiert werden, dass das Stück nicht nur irgendeine Interpretation unseres (westlichen) Wirtschaftssystems ist, sondern es ist auch gleichzeitig eine Art von „sozialer Dramatik".

---

[48] Seidel, Sebastian: WAHLSCHLACHT. „So geht Zukunft", S.42

7. Interpretation und Politik im Theaterstück „Wahlschlacht":

In Seidels Stück kämpfen 2 bzw. theoretisch 3 Männer und (je nach Fassung) noch eine Frau um den Parteivorsitz einer fiktiven deutschen Regierungspartei.

Die Parteivorsitzendenwahl des Stückes findet am Ende desselbigen statt, sowohl in der alten als auch in der neuen Fassung, wobei am Ende der alten Fassung der Zuschauer nur Zeugnis ablegen kann von der pessimistischen Un-Veränderung im Lichte des Sieges des politischen Machtkampfes einzelner weniger Subjekte und wo gleichsam die vierte Wand den Zuschauer streng von der Bühnenrealität abtrennt.

Am Ende der neuen Fassung ist der Zuschauer (verpflichtend) aktiv an der Wahl beteiligt, er ist wahlberechtigtes Mitglied und das Stück ist in dem Sinne interaktiv, als dass es zwei mögliche Wahlsieger gibt. Beim neuen Ende findet eine radikale Veränderung und eine Abweichung vom Gewohnten samt Überbordwerfen der Alten(-Ordnung) statt, sofern die Frau mehrheitlich gewählt wird.

Es stellt sich die Frage, warum der Autor diese Variation eingeführt hat. Die Coronasituation erschwerte das Auskommen von Privatleuten und Selbstständigen und die Notlage bescherte manchem das Angewiesen-Sein auf staatliche Hilfen, wie auch dem Theater selbst, wie es der Theaterregisseur in einem Interview selbst beschreibt.[49]

Beim Betrachten der Institution Theater an sich sollte jedem auffallen, dass es im Grunde auch nur wie ein wirtschaftliches Unternehmen handhaben muss und die Theateranalyse kann nicht entkoppelt unter dem Gesichtspunkt der ökonomischen Verhältnisse sowie finanziellen Praktiken der Autoren berücksichtigt werden. Es ist evident, dass das S'ensemble-Theater eine freie, professionell arbeitende Bühne ist, die zwar durch Sponsoren und öffentliche Mittel (Stadt Augsburg; Freistaat Bayern; Stadtsparkasse Augsburg; LEW; martini-Park; Friends Media Group und Dierig) gefördert wird, aber sich überwiegend durch Eintrittseinnahmen finanziert.[50]

Insbesondere muss man berücksichtigen, dass spätestens seit der Wende eine Durchökonomisierung der kulturellen Szene in Deutschland stattfindet, und der „Rationalitätsmythos der Effizienz" die Theater von ihren unternehmens-ökonomischen Bedingungen abhängig gemacht haben. Seit 1990 findet eine Prekarisierung (durch Arbeit) statt, die die wirtschaftlichen Rahmenbedingungen von

---

[49] Knoller, Alois; Seidel, Sebastian: „Wir haben eine sehr dichte Spielzeit vor uns". Interview. Das Sensemble Theater startet am Donnerstag mit der „Wahlschlacht" wieder voll durch. Während des Lockdowns sind Premieren liegen geblieben. Aber Sebastian Seidel hat seine Bühne auch erheblich aufbessern können, in: Augsburger Allgemeine Zeitung, 16.09.2021
[50] Vgl. Seidel, Sebastian: Theater-Marathon. 10 Theaterstücke, Augsburg, 2012, S. 300

Schauspielerinnen und Schauspielern [und Theatermachern] determiniert.[51] Es ist eine grundlegende Erkenntnis, dass „ökonomische Bedingungen die Voraussetzung für moralische Forderungen bilden, und dass das bürgerliche Tugendkonzept die Grenze zur pauperisierten Unterschicht abriegelt und dass das aufklärerische Mitleidsethos dem ästhetischen Selbstgenuss des Bürgers dient."[52]

Zu Beginn des Seminars gab es die ökonomische Rezession noch nicht in der Form, wie sie jetzt Mitte/Ende 2022 existiert, und vor allem Künstler sind von der Politik als marginale Existenzen eingestuft[53], die insbesondere auch in Inflationsschüben bis zum Halse in wirtschaftlich problematischen Verhältnissen gefangen sind.[54] Auch das S'ensemble Theater wird (im Zuge der einstigen Finanzkrise und der diesseitigen Corona- und Wirtschafts- und Energiekrise) mit den „virulenten Themen der (verschwindenden) Arbeit, der Überlastungen durch Selbstregulierungen und Projektförmigkeit"[55] in diesem Sinne zu Kämpfen haben.

Das S'ensemble reflektiert(e) in den Zeitungsmeldungen zur Wahlschlacht und in den kleinen coronabedingten Video-Dokumentationen ebenfalls die eigenen Produktionsbedingungen, die das Theater als Unternehmen (zwangsläufig) klassifizieren. Mit dem nötigen Ernst darf gesagt werden, dass der Betrieb eines Unternehmens (hier: vor allem Theaters) auch im Besten Sinne ein „Drama", eine „tragische Kollision" ist.

Es ist ebenfalls evident, dass Spielhäuser nicht nur vom großen Konkurrenz-Überlebens-Wettkampf der Schauspieler profitieren und dadurch selber am Leben gehalten werden, sondern sie zehren auch von der großen Aufopferungsbereitschaft und dem Kreativitätswillen der Arbeitskräfte.[56]

(Das bedeutet, dass Künstler wahre Idealisten sein müssen.)

Das erklärt auch, warum Künstler ein System Grundeinkommen so stringent für möglich und umsetzbar halten. „Dem Menschen einen Glauben schenken, heißt seine Kraft verzehnfachen."[57]

Wie andere Unternehmen musste das Theater als solches nach der Wende 1989/90 sich einigen „Rationalisierungen" fügen, die auf Finanzierungs-, Orientierungs- und Funktionsprobleme sowie Publikumsschwund und Legitimationskrisen zurückzuführen sind.[58]

---

[51] Vgl. Englhart, Andreas (Hrsg.); Schößler, Franziska (Hrsg.); Stierstorfer, Klaus (Hrsg.): Grundthemen der Literaturwissenschaft: Drama, 2021, S. 617
[52] Ebd. S. 620
[53] Vgl. Seidel, Sebastian: WAHLSCHLACHT. „So geht Zukunft", 2021, S.11 & S.13
[54] Vgl. Englhart, Andreas (Hrsg.); Schößler, Franziska (Hrsg.); Stierstorfer, Klaus (Hrsg.): Grundthemen der Literaturwissenschaft: Drama, 2021, S. 621
[55] Ebd. S. 622
[56] Ebd. Vgl. S. 629
[57] Gustave Le Bon (Psychologie der Massen)
[58] Vgl. Englhart, Andreas (Hrsg.); Schößler, Franziska (Hrsg.); Stierstorfer, Klaus (Hrsg.): Grundthemen der Literaturwissenschaft: Drama, 2021, S. 630

Man mag in einem weiteren gültigen Grund für die Text-Variation auch die Zukunftsangst vieler Menschen sehen. Warum sei denn ein bedingungsloses garantiertes Grundeinkommen benötigt? Vielleicht, weil durch exponentielle Hochtechnologisierung und Digitalisierung in den nächsten Dekaden 45% bis 50% der jetzigen Jobs überflüssig werden (voraussichtlich), oder zumindest sich stark neustrukturieren werden müssen, und demzufolge nicht mehr ohne staatliches Unter-Die-Arme-Greifen langfristig auszukommen sei.

Es ließe sich hier der Kritikpunkt anführen, dass regelmäßige Fortschrittszyklen schon mehr als einmal dafür gesorgt haben, dass Jobmodelle aussterben und das Volumen von Arbeitslosen vorübergehend (durchaus auch bis zur Massenarbeitslosigkeit) anwächst. Es sei das Wort „vorübergehend" zu betonen, da der Fortschritt auch immer wieder neue Jobs generiert, und sich „Vollbeschäftigung" immer wieder einpendeln kann und wird (nicht Vollbeschäftigung in dem Maße, wie es das „Magische Viereck/Sechseck" der Volkswirtschaftspolitischen Zielsetzungen versteht, sondern gemeint ist hier eine relativ niedrige Arbeitslosigkeit im einstelligen Prozentbereich).

> „Politische Macht [...] ist ein Ergebnis von Theatertechniken."[59]

> „Theater kann politisch sein, politisches Handeln ist per se theatral. Die Anerkennung menschlichen Machtstrebens und die Legitimation politischer Herrschaft bedürfen der Dramaturgie und Inszenierung."[60]

> „Die große Heterogenität an Formen und Tendenzen in der zeitgenössischen Theaterlandschaft macht eine Definition von ,politischem Theater' unmöglich, zumal sich die Geister daran scheiden, ob sich das wahrhaft Politische im performativen Akt der Unterbrechung eines politisch determinierten Alltagsbewusstseins oder in der dramatisch kommunizierten politischen Botschaft manifestiert."[61]

Die „Wahlschlacht" als Paradebeispiel für politische Rhetorik zu bezeichnen, stimmt im kleinen. Die Rhetorik wird im Stück zwar vereinfacht dargestellt, dennoch sollte man ihren Wirklichkeitserkenntnis-Wert beim Zuschauer nicht unterschätzen. Dass Theater eher von links-avantgardistischen Menschen regelmäßig besucht wird, ist hier für die Wirk-Absicht sowieso vorteilhaft, da sie ohnehin schon Vorurteile gegenüber einer politischen Regierung der „bürgerlichen Mitte" haben.

Es ist eine interessante Frage, zu spekulieren, „für wen" die Figuren des Stückes hier sprechen. Sprechen sie zu den anderen Figuren (innerszenische Achse)[62], sprechen die indirekt zum Publikum (Theatron-Achse)[62], oder sprechen sie um des Skriptes wegen ohne Adressatenbezug. Auch wenn es eine – eigentlich – geschlossene Bühnenrealität ist, so wird spätestens am Ende des Stückes, also im

---

[59] Nikitin, Boris (Hrsg.); Schlewitt, Carena (Hrsg.); Brenk, Tobias (Hrsg.): Dokument, Fälschung, Wirklichkeit. Materialband zum zeitgenössischen Dokumentarischen Theater, 2014, S. 129

[60] Englhart, Andreas (Hrsg.); Schößler, Franziska (Hrsg.); Stierstorfer, Klaus (Hrsg.): Grundthemen der Literaturwissenschaft: Drama, 2021, S. 632

[61] Ebd. S. 355

[62] Vgl. Lehmann, Hans-Thies: Postdramatisches Theater, 1999, S. 230

Wahl-Moment der überarbeiteten Fassung, klar, dass die Darsteller (bzw. die Figuren) die ganze Zeit über zu den Zuschauern sprachen.

Dr. Seidel skizziert mit seinem Stück auch die geläufige Zweiweltenlehre der Politik, quasi schon in Reinform:

> „Die ‚eigentliche Politik', nämlich das Entscheidungshandeln politischer Eliten, finde[t] auf einer dem Publikum verborgenen ‚Hinterbühne' statt. Auf der ‚Vorderbühne' werde dem Publikum reine Show, Pseudo-Politik geboten, die der Camouflage des alles entscheidenden Geschehens im politischen Arkanum diene [...]. Symbolische Politik verfällt dem Verdikt vom ästhetischen Schein und gilt im Falle ihrer Verselbstständigung gar als genuin nicht-politisches Handeln, als „politics without policy" [...] oder „politisches Placebo" [...] Ihr gewissermaßen diabolisches Gesicht vermag aber „mit minimalem Aufwand ein Maximum an Schaden anzurichten" [...], wenn politische Entscheidungen nicht im Parlament, sondern vor laufenden Kameras verkündet werden, wenn Machthaber ihre politischen Untertanen rhetorisch demütigen oder bestehende gesellschaftliche Ungleichheiten schönreden, vor allem aber, wenn symbolische Politik – wie im ‚Karikaturenstreit' 2005/2006 oder im Vorfeld des Terroranschlages auf Charlie Hebdo vom 7. Januar 2015 [...] – gar Terrorismus und Krieg befördert. Andererseits kann symbolische Politik auch ‚das helle Licht der Aufklärung' und damit Mündigkeit verbreiten, wenn etwa zivilgesellschaftliche Protestbewegungen in ihrem Kampf gegen bestehende Herrschaftsverhältnisse die kommunikative Macht der Symbole nutzen [...]."[63]

„Wahlschlacht" ist nicht nur als „Kunst" zu unterschätzen; das Stück ist so gearbeitet, dass der Zuschauer mit einer Art von „Staatsidee", wegen der Auflösung einer klar getrennten Zuschauer-Darsteller-Beziehung, überzeugt werden soll. Es werden bei Seidels Stücken allgemein und auch bei der „Wahlschlacht" alle Möglichkeiten der Einfühlung und Identifikation mit dem Bühnenheld und seiner (revolutionären) Idee ausgeschöpft.

„Die Zeit ist reif für eine _neue_ freiheitlich demokratische Grundordnung!"[64]

Dass die „Frau Doktor" eigentlich immer am Ende des Stückes die Legitimation erhält, und zwar von der „volonte generale" des Publikums, verschleiert vielleicht zu sehr die Tatsache, dass die Mehrheit in der Bevölkerung ihre Stimme nicht für die Frau gegeben hätte, für Haudegen vielleicht auch nicht, sondern (im Extremfall) schlicht Wahlboykott betrieben hätte; dies könnte man gar dann als Nicht-Wahlbeteiligungserklärungsmodell im Kleinsten deuten. Für die Mehrheit der Bevölkerung hätte es hier nur zwei Kandidaten gegeben, die man nicht wählen möchte, ähnlich wie in einem Mehrheitswahlsystem zum Beispiel in den USA. „Frau Doktor" spricht in der Wahlkampfrede am Ende des Stückes und in der Siegesrede defacto genauso austauschbar wie Haudegen, dies ist gleichzeitig ein Zeugnis dessen, dass hier auch nur Partikularinteressen vertreten werden, sie sich

---

[63] Englhart, Andreas (Hrsg.); Schößler, Franziska (Hrsg.); Stierstorfer, Klaus (Hrsg.): Grundthemen der Literaturwissenschaft: Drama, 2021, S. 633
[64] Vgl. Seidel, Sebastian: WAHLSCHLACHT. „So geht Zukunft", 2021, S. 56

selbst und ihre eigene politische Idee instrumentell (drastisch) überhöht, und eine – von einer (theoretischen) Minderheit erwünschte – politische Ordnung etabliert.

Im doppeldeutigen Sinne „veranschaulicht [nichts] die Theatralität des Politischen eindrücklicher als das politische Ritual der Wahl".[65] Dabei ist der Wahl-Moment des Stückes durchaus keine bloße Parodie der Wirklichkeit des Ganges zur Wahl, im Gegenteil, auch wenn das Ende des Stückes wegen der – in mehrerer Hinsicht - unrealistischen Konstellation(en) eine Farce ist. Die Zuschauer üben zwar hier nicht wirklich „Macht des Volkes" aus, aber genauso wie im Großen ein Bürger durch eine Versprechung bewegt werden kann, wird auch hier das wahlberechtigte Publikum eben durch eine Versprechung bewegt.

Das S'ensemble ist weitergedacht ein „Laboratorium eines neuen gesellschaftlichen [(utopischen)] Lebens"[66], es bietet Vorbilder für neue Modelle von menschlichen Lebensweisen, und dabei erfüllt es gleich auf vielfältige Weise soziale Funktionen, die weit über den normalen Anspruch bürgerlichen Theaters hinausgehen. Dr. Seidel stützt sich nicht nur auf die Theatererkenntnisse der allgemeinen Theater- und Literaturwissenschaft, sondern verstärkt auf die „gewöhnlichen außerästhetischen Erkenntnisse der [...] Gesellschaftswissenschaften."[67] Er lässt die „Gesetze des Lebens zu den Gesetzen der Kunst werden".[68]

Dr. Sebastian Seidel hat es geschafft, mit der Berechnung des Wahlerfolges am Ende der überarbeiteten Fassung des Stückes seinem ur-ältesten Vorreiter Sergej Michailowitsch Eisenstein alle Ehre zu machen.

> „[J]ede berechnete Einwirkung auf die Aufmerksamkeit und die Emotionen des Zuschauers, jede szenische Kombination, die die Eigenschaft besitzt, die Emotionen des Zuschauers in dieser oder jener, vom Ziel der Aufführung diktierten Richtung, zu verstärken. Von diesem Gesichtspunkt aus ist eine Aufführung durchaus nicht eine mehr oder weniger wahrheitsgetreue demonstrative Schau von Ereignissen, Charakteren, oder plastischen Bewegungskombinationen, sondern der Aufbau einer Kette von Theatersituationen, die, der Aufgabe entsprechend – eine Arbeit am Publikum ausführen. [Die Inszenierung] fesselt die Aufmerksamkeit des Publikums, komprimiert und entlädt die Emotionen, als deren Endergebnis die erforderliche „Aufladung" des Zuschauers erreicht wird."[69]

Wenn die Menschen der (griechischen) Antike heute die politische Realität und das Theaterstück „Wahlschlacht" gesehen hätten, sie hätten wohl für die „Frau Doktor" gestimmt. Sie war, in der überarbeiteten Fassung der Wahlschlacht, die einzig idealistische Politikerin (neben ihrem Mann), hatte aber, statt ihm, den nötigen Charakterzug um sich gegen ihre Feinde zu behaupten. So

---

[65] Englhart, Andreas (Hrsg.); Schößler, Franziska (Hrsg.); Stierstorfer, Klaus (Hrsg.): Grundthemen der Literaturwissenschaft: Drama, 2021, S. 642

[66] Lazarowicz, Klaus (Hrsg.); Balme, Christopher (Hrsg.): Texte zur Theorie des Theaters, 1993, S. 617

[67] Ebd. S. 618

[68] Ebd. S. 619

[69] Ebd. S. 621

Selbstherrlich und Selbsterhöhend wie Haudegen und Blender es zu sein pflegen, wäre den Athenern schlecht geworden, denn „Politik gilt den Athenern noch als die Kunst, den Menschen zum Bürger zu erheben, der zum Wahren, Guten und Schönen strebt"[70]. Sie – als symbolische Figur – trägt dieses Ideal, wie es sonst fast keiner mehr – im reellen politischen Umfeld - praktiziert.

---

[70] Ebd.

8. Das Theaterstück „Wahlschlacht" im medialen Echo:

„Das Theater, das Sebastian Seidel interessiert, ist seit über einem Jahrzehnt erfolgreich – es wird in Augsburg und andernorts gespielt und findet häufig ein positives Medienecho."[71]

Das „mediale Echo" bei Wahlschlacht ist jedoch sehr überschaubar. Am 13.07.2009[72] und am 27.07.2009[73] erschienen in der „Augsburger Zeitung" (DAZ - Unabhängige Internetzeitung für Politik und Kultur) zwei Artikel über die Wahlschlacht. Im ersteren geht es um die Uraufführung (alte Fassung mit altem Ende) am 25.07.2009 um 20:30 Uhr im Jakoberwallturm in der offenen Anlage an der Vogelmauer 46. Schon damals wurde das Stück passend zu einer bevorstehenden Bundestagswahl aufgeführt. Sinngemäß wird ausgedrückt, dass, bevor man sich gegenüber anderen Parteien durchzusetzen hat, bevor man es den Wählern recht machen soll, und bevor man auch noch gewählt werden will, man sich erstmal selber um die „Schwierigkeit der parteiinternen Vermittlungsarbeit"[74] kümmern muss.

Denn „[d]er Weg an die Spitze ist heikel und unwegsam und am Straßenrand steht so mancher, der einem gerne ein Bein stellen möchte. Wer ist Förderer, wer Konkurrent? Wem kann man vertrauen und wem nicht? Wer hat wirklich Erfahrung und wer blufft nur? Was wären die Herren Politiker nur ohne ihre Frauen, mit denen sie immer alles besprechen müssen? Und wer hat eigentlich wen in der Hand?"[72]

Es wird zum Ausdruck gebracht, dass Wahlkampfinhalte sekundär sind, eine Nebensache, nur die ökonomische Taktik, welches Thema wann zu platzieren ist und wann nicht, ist entscheidend. Demzufolge arbeiten Politiker nur nach dem Credo eines Trend-Systems, ergo, was halt in Mode und gefragt ist.

„In „Wahlschlacht" entspinnt sich ein Reigen voller Tücke und Komik. Drei Politiker in unterschiedlichen Lebensphasen wähnen sich kurz vor einem großen Karrieresprung. Die Gattinnen stärken ihnen den Rücken wie eh und je. Doch im entscheidenden Moment geht alles ganz anders aus, als vermutet..."[72]

Der zweite Artikel wurde von Frank Heindl geschrieben, zwei Tage nachdem er die Uraufführung gesehen hat. Er bemängelt, „dass man den Plot in zwei Sätzen relativ bündig zusammenfassen kann".[73]

„Der Bewerber mit einem wirklichen politischen Anliegen ist als erster aus dem Rennen, Sieger bleibt derjenige, der die langjährigsten Erfahrungen auf dem Gebiet der politischen Ranküne mitbringt, und um Inhalte geht's bei der Entscheidung natürlich überhaupt nicht."[73]

---

[71] Seidel, Sebastian: Theater-Marathon. 10 Theaterstücke, 2012, S. 284

[72] (ohne Verfasser): Wahlschlacht – S'ensemble Sommertheater im Jakoberwallturm, in: Die Augsburger Zeitung, 13.07.2009

[73] Heindl, Frank: Stereotypen und Klischees. Uraufführung: „Wahlschacht" im s'ensemble-Theater, in: Die Augsburger Zeitung, 27.07.2009

[74] Seidel, Sebastian: WAHLSCHLACHT. „So geht Zukunft", 2021, S. 55

Heindl lobt, dass das Stück mit „Phantasie inszeniert" ist, eine „engagierte Botschaft" enthält, und

dass die Schauspieler klasse spielen, beleuchtet allerdings auch die Unzulänglichkeiten bei manchen

Aspekten des Stückes.

> „[D]ie Story ist zu bekannt, zu alltäglich, zu stereotyp, zu klischeebeladen, als dass sie
> begeistern könnte. Es braucht nur Minuten, bis dem Zuschauer klar ist, wie die Rollen verteilt
> sind: „Haudegen", von Heinz Schulan perfekt als eine Mischung aus Steinmeier und
> Müntefering gegeben, ist der alte Kämpfer, der allzu genau schon weiß, dass man nicht mit
> Idealen weiterkommt, sondern mit ausgefuchster Taktik. „Blender", dargestellt von Paul
> Hanisch, ist der karrierewillige Streber, eine Westerwelle-Nervensäge mit kindischer
> Siegergestik, immer zum Putsch bereit und am Ende doch zu feige. Und dann ist da noch
> „Doktor" (Ronald Hansch) – gerade noch Idealist, aber auch schon anpassungswilliger
> Aufsteiger."[75]

Weiterhin erwähnt Heindl, dass sich Dr. Seidel die Programmidee angeblich von der Münchnerin

Susanne Wiest abgeschaut hat, die diese „im vergangenen Jahr [(2008)] beim Petitionsausschuss des

Bundestags einreichte – mit großem Medienerfolg und geringer politischer Wirkung."[75]

Heindl bemängelt ferner, dass „Überspitzung [...] ein Rezept [hätte] sein können – aber davon

wiederum hat das Stück zu wenig, als Satire ist es viel zu zahm."[75] Dem lässt sich entgegnen, dass

sowohl die schauspielerische Leistung der neueren Zeit als auch das „revolutionärere" Ende der

neueren Fassung gerade eine Übertreibung innehaben, die zwar nicht wirklichkeitsgetreu ist, dafür

aber doch eine witzigere Gemeinheit aufweisen, so z.B. wenn Haudegen, Blender und der Doktor

einsehen müssen, dass man sie hereingelegt hat. (Und Satire wäre es im antiken Sinne des „lachend

die Wahrheit Sagens" durchaus.)

Heindl äußert sich auch zu den drei Frauen. Er meint, dass „[e]s [...] witzig [ist], dass die Frauen der

drei Politiker von einer einzigen Schauspielerin dargestellt werden – auch sie sollen uns als

austauschbar vorgestellt werden, bei Daniela Nering geraten sie allerdings allzu einförmig."[75]

(Dadurch ist festgestellt, dass die Schauspielerin Daniela Nering von Anfang an das Stück mit-prägte.)

Heindls Äußerung muss entgegengehalten werden, dass gerade Einförmigkeit die Austauschbarkeit

gut darstellt. Möglicherweise im Sinne der Einförmigkeit fragt Heindl, ob „diese Frauen [auch] nur

klischeehafte Abziehbilder [sind], mit deren uns Seidel eine allzu schlichte Interpretation von

„Realpolitik" nahe bringen will?"[75]

Der nächste behandelnswerte Artikel, stammt aus der AZ vom 16.04.2021 von Birgit Müller-

Bardorff.[76]) Auch sie leitete den Artikel mit der damals aktuellen, die Nation beschäftigenden,

---

[75] Heindl, Frank: Stereotypen und Klischees. Uraufführung: „Wahlschacht" im s'ensemble-Theater, in: Die
Augsburger Zeitung, 27.07.2009
[76] Müller-Bardorff, Birgit: Auch im Sensemble Theater geht es um die Kandidatenfrage. Wahlschlacht. Sebastian
Seidels Stück ist hochaktuell und behandelt ein brisantes Thema. Für das Publikum gibt es das derzeit nur
häppchenweise, in: Augsburger Allgemeine Zeitung, 16.04.2021

Kanzlerkandidatenfrage (sowohl Unionsintern als auch Inter-Parteilich) ein, zudem noch mit dem Gesichtspunkt, dass „Wahlschlacht" eigentlich schon bereits im Januar 2021 Premiere hätte haben sollen, doch das war wegen Corona erstmal vom Tisch. Sogar der Autor sagte im Artikel aus, dass sie „[d]en Spielplan mit den Terminen bis Mitte Juni [...] gleich wieder in die Tonne treten [konnten], nachdem er aus der Druckerei kam."[76]

Die Hoffnungen für das S'ensemble lagen im Sommer, und wie man rückblickend konstatieren kann, klappte das auch einigermaßen. Innerhalb dieses Artikels äußerte der Theatermacher Dr. Seidel auch ganz offen und ehrlich, dass er das Konzept Grundeinkommen für gut befinde, und er es für finanzierbar halte. Wie es im Stück selber bereits unbestreitbar herüberkommt, dass Dr. Seidel vor allem die Künstlerlobby in Schutz nimmt, die mit einem Grundeinkommen, seiner Mutmaßung nach, um Längen besser durch die Covid-Pandemie gekommen wäre, als mit den staatlichen Subventionsprogrammen, lässt sich aus dem Artikel genauso herauslesen.

Auch den Plan, das Stück live Online zu streamen, hat er verworfen, weil die Menschen, so sagt er, „streamingmüde" geworden sind. Deshalb gab es für die Bürger im Angebot: Hintergrundinformationen und kleine Häppchen des Stückes in Kurzvideos. „Dafür arbeitet[e] er mit dem Allgäuer Musiker Rainer von Vielen zusammen, der die Musik für „Wahlschlacht" geschrieben und die Video-Einspielungen kreiert hat."[77] Im Artikel wird auch noch erwähnt, dass sich ein Besuch auf der Website des S'ensemble lohnt, um mehr (Informationen) über das Stück zu erfahren.

Der letzte existente Artikel (offenbar zumindest) ist ebenfalls aus der AZ vom 12.06.2021 von Sebastian Kraus.[78] Erwähnt wird gleich zu Anfang im Artikel, wie „Wini Gropper in der Rolle des sich an die Macht klammernden Parteivorsitzenden Haudegen in einem flammenden Apell an seinen Parteifreund selbst"[78] das politische Gedanken-Motiv des Stückes selbst skizziert: „Es geht nicht um das Wie und Was, sondern um Wen und die richtige Bezeichnung."[78] Wie Sebastian Kraus treffend erwähnt, lässt dieses Modell im Kleinen den „echten Politikbetrieb zwischen Provinzhinterzimmern und Bundestagsfiguren"[78] passgenau abbilden. Auch wird im Artikel Kraus' erwähnt, dass die aktuelle Corona-Lage den Regisseur Dr. Seidel dazu trieb, „das 2009 im S'ensemble-Theater uraufgeführte Stück in einer neuen Fassung auf die Bühne zu bringen."[78] Kraus erwähnt, wie die einzelnen Parteien (Grüne; SPD; Linke) die das Grundeinkommen überhaupt in Erwägung ziehen, die Bezeichnung für eine mehr oder minder gleiche Idee auf die eine oder andere Art dem Bürger verkaufen. Dieses Thema, so wird weiter richtig ausgeführt, ist aufgrund der ökonomischen Unsicherheit der Bürger wegen Corona und der Energie-Krise so umrankt wie selten zuvor.

---

[77] Ebd.
[78] Kraus, Sebastian: Auch Politik lebt vom Verkaufen. Premiere. Jetzt ist wieder „Wahlschlacht": Das Sensemble Theater hat ein altes Stück aufgemöbelt und mit aktuellen Bezügen versehen. Auch diesmal geht es um Idealismus, Machtgier und Intrige, in: Augsburger Allgemeine Zeitung, 12.06.2021

„Die einen träumen von unbürokratischer sozialer Sicherheit samt seiner altruistischen Nebenwirkungen, die anderen wittern eine Einladung zu hemmungsloser Faulheit auf Kosten von Vater Staat. Da sind in Berlin die Rollen ähnlich verteilt wie im S'ensemble Theater. Der Smarte Akademiker Herr Doktor (Florian Fisch) träumt von einer neuen, gerechten Gesellschaftsform und wird dabei von Haudegen und dem aalglatten Selbstinszenierer Blender (Jörg Schur) zwischen den Mühlsteinen des parteiinternen Machtkampfes zerrieben. Er muss lernen, dass die Rangfolge „Feind, Erzfeind, Parteifreund" parteipolitisches Gesetz ist und ein Ehrenwort in der Politik nichts wert."[79]

Im Artikel wird noch eine These aufgestellt, warum die Papp-Brillenformen, die die Spieler tragen, so eine funktionale Bedeutung haben:

„Die Requisiten sind ausnahmslos aus Pappe ausgeschnitten und in dem perfekten Symbol für deutsche Gründlichkeit im Bühnenhintergrund gelagert: in einer gelben, einer schwarzen und einer grünen Tonne. Auch die Brillen der Politiker der Partei für Leistung und Wachstum (LWP) sind aus grobem Karton gefertigt – rund für den integreren Doktor, rautenförmig für den schmierigen Blender, quadratisch für den prädominanten Haudegen. Das bietet Daniela Nering die Möglichkeit, durch den Wechsel zur jeweiligen Brille die jeweilige Politikergattin zu mimen."[79]

Aufgrund der Corona-Situation bot das Theater und auch die Neuauflage des Stückes selber einen ganz besonderen Reiz.

„[D]ie Spielfreude [floss] vom Eröffnungslied bis zur finalen Abstimmung in Strömen in den ausverkauften Saal, wo die Freude über Kultur jenseits des Bildschirms in jedem Winkel zu spüren war. Man läuft Menschen über den Weg und spricht über etwas anderes als Inzidenzen. Und so erfüllte sich auch ein wenig der Wunsch von Wini Gropper, der [...] sagte: „Der direkte Austausch muss wieder her. Dringendst!""[79]

---

[79] Kraus, Sebastian: Auch Politik lebt vom Verkaufen. Premiere. Jetzt ist wieder „Wahlschlacht": Das Sensemble Theater hat ein altes Stück aufgemöbelt und mit aktuellen Bezügen versehen. Auch diesmal geht es um Idealismus, Machtgier und Intrige, in: Augsburger Allgemeine Zeitung, 12.06.2021

9. Bibliographie:

9.1. Primärliteratur:

Seidel, Sebastian: WAHLSCHLACHT. „So geht Zukunft", überarbeitete Auflage, Berlin, Deutschland: Theaterverlag Hofmann-Paul, 2021

Seidel, Sebastian: Theater-Marathon. 10 Theaterstücke, Augsburg, Deutschland: Wißner-Verlag, 2012, S. 137 - 167

9.2. Sekundärliteratur:

(ohne Verfasser): Wahlschlacht – S'ensemble Sommertheater im Jakoberwallturm, in: Die Augsburger Zeitung, 13.07.2009, https://www.daz-augsburg.de/wahlschlacht-sensemble-sommertheater-im-jakoberwallturm/, (zuletzt abgerufen am: 04.09.2022)

BÜNDNIS 90/DIE GRÜNEN: Deutschland. Alles ist drin. Bundestagswahlprogramm 2021. Bereit, weil Ihr es seid., Berlin, Deutschland: 2021, S. 111 – 112; 205 – 207

Englhart, Andreas (Hrsg.); Schößler, Franziska (Hrsg.); Stierstorfer, Klaus (Hrsg.): Grundthemen der Literaturwissenschaft: Drama, Berlin, Deutschland: De Gruyter, 2021, S. 340 – 356; 616 – 647

Englhart, Andreas: Das Theater der Gegenwart, München, Deutschland: Verlag C.H.Beck oHG München, 2013

Heindl, Frank: Stereotypen und Klischees. Uraufführung: „Wahlschacht" im s'ensemble-Theater, in: Die Augsburger Zeitung, 27.07.2009, https://www.daz-augsburg.de/stereotypen-und-klischees/, (zuletzt abgerufen am: 04.09.2022)

Jelinek, Elfriede; Lux, Joachim: Geld oder Leben! Das Schreckliche ist immer des Komischen Anfang. Elfriede Jelinek im e-Mail-Verkehr mit Joachim Lux, in: thalia-theater.de, (ohne Datum), https://www.thalia-theater.de/beitraege/48), (zuletzt abgerufen am: 04.09.2022)

Knoller, Alois; Seidel, Sebastian: „Wir haben eine sehr dichte Spielzeit vor uns". Interview. Das Sensemble Theater startet am Donnerstag mit der „Wahlschlacht" wieder voll durch. Während des Lockdowns sind Premieren liegen geblieben. Aber Sebastian Seidel hat seine Bühne auch erheblich aufbessern können, in: Augsburger Allgemeine Zeitung, 16.09.2021, S.26

Kraus, Sebastian: Auch Politik lebt vom Verkaufen. Premiere. Jetzt ist wieder „Wahlschlacht": Das Sensemble Theater hat ein altes Stück aufgemöbelt und mit aktuellen Bezügen versehen. Auch diesmal geht es um Idealismus, Machtgier und Intrige, in: Augsburger Allgemeine Zeitung, 12.06.2021

Lazarowicz, Klaus (Hrsg.); Balme, Christopher (Hrsg.): Texte zur Theorie des Theaters, Stuttgart, Deutschland: Philipp Reclam jun. Stuttgart, 1993, S. 15 – 38; 611 – 648

Lehmann, Hans-Thies: Postdramatisches Theater, Frankfurt am Main, Deutschland: Verlag der Autoren, 1999

Müller-Bardorff, Birgit: Auch im Sensemble Theater geht es um die Kandidatenfrage. Wahlschlacht. Sebastian Seidels Stück ist hochaktuell und behandelt ein brisantes Thema. Für das Publikum gibt es das derzeit nur häppchenweise, in: Augsburger Allgemeine Zeitung, 16.04.2021, S. 29

Nikitin, Boris (Hrsg.); Schlewitt, Carena (Hrsg.); Brenk, Tobias (Hrsg.): Dokument, Fälschung, Wirklichkeit. Materialband zum zeitgenössischen Dokumentarischen Theater, Berlin, Deutschland: Verlag Theater der Zeit, 2014, S. 7 – 73; 112 – 187

Seidel, Sebastian: Theater-Marathon. 10 Theaterstücke, Augsburg, Deutschland: Wißner-Verlag, 2012

BEI GRIN MACHT SICH IHR WISSEN BEZAHLT

- Wir veröffentlichen Ihre Hausarbeit,
  Bachelor- und Masterarbeit

- Ihr eigenes eBook und Buch -
  weltweit in allen wichtigen Shops

- Verdienen Sie an jedem Verkauf

Jetzt bei www.GRIN.com hochladen und kostenlos publizieren